AF331718

L 4G
155 6

LES PUISSANCES ALLIÉES

ET LEURS MOYENS;

LA FRANCE ET LES SIENS.

IMPRIMERIE DE FAIN, PLACE DE L'ODÉON.

LES PUISSANCES ALLIÉES

ET LEURS MOYENS;

LA FRANCE ET LES SIENS.

Par ÉDOUARD MARTIN,

MAJOR à la suite du 12e. Régiment d'infanterie légére,
Officier de la Legion d'Honneur, et Membre du Collége
Électoral du département de la Seine.

PARIS,

MONGIE jeune, Libraire, Palais-Royal, galerie de bois,
au coin de celle vitrée, N°. 208.

1815.

LES PUISSANCES ALLIÉES

ET LEURS MOYENS;

LA FRANCE ET LES SIENS.

Lᴇs annales des nations n'offrent aucun exemple comparable à ce qui s'est passé au congrès de Vienne depuis sa formation jusqu'au 30 mars de cette année.

Quoi ! des princes du dix-neuvième siècle oublient qu'ils ne sont commis que pour défendre et protéger les peuples, et non pour disposer d'eux, suivant leur bon plaisir !

Si, à l'exemple de l'Angleterre et de la France, la Russie, l'Autriche et la Prusse avaient un gouvernement national, la grande question de savoir si un peuple est libre ou non de se donner des lois appropriées à ses mœurs et à ses habitudes, et de se choisir un prince capable de le gouverner, serait discutée par des hommes sages et amis du bon ordre; pas de doute qu'alors la raison n'eût prévalu sur l'emportement et la haine de deux ou trois souverains, qui comptent pour rien l'intérêt et la tranquillité de l'Europe qu'ils menacent !....

Que veulent donc les puissances étrangères? Qu'ont de commun leurs intérêts avec les nôtres? Est-il en leur pouvoir de forcer un grand peuple à reprendre des princes et des principes qu'il a proscrits? Non, sans doute !

Il est possible qu'engouées par des succès que les puissances alliées ne doivent qu'à la trahison et au mécontentement qui alors existaient en France, elles croient possible ce qui n'est plus possible ; c'est-à-dire, les avantages sur lesquels elles fondent leurs espérances : tout est changé en France, et les puissances alliées peuvent être vigoureusement compromises, si elles

n'entrent dans la raison d'un système autre que celui qu'elles paraissent vouloir
suivre.

L'Europe est sortie de l'enfance ; les peuples parlent, et bientôt leurs dominateurs
seront dans la nécessité de respecter des
droits qu'ils méconnaissent !

Beaucoup de gens rêvent à la guerre ci-
vile et à la possibilité d'une guerre étrangè-
re : l'une a été arrêtée dans son principe
par un effet national, et l'autre sera arrêtée
par le même élan !

La situation politique de la France est
bien changée de ce qu'elle était en 1813
et 1814. L'Empereur connaît le malheur ; la
nation entière a vu quel avenir lui présen-
tait la restauration ; elle veut son indépendance et la liberté, elle n'obtiendra ni l'une
ni l'autre de nos libérateurs. Que veulent
donc les puissances alliées ? Elles prennent
trop d'intérêt à nous, et nous savons que
c'est pour notre bien qu'elles voudraient
revenir en France.

Examinons un peu la conduite politique

et libérale de ces princes magnanimes qui n'ont pris les armes que pour assurer l'indépendance de l'Europe.

Un roi légitime, puisque légitimité il y a, est déposé et d'un seul trait la Prusse avale la Saxe.

La Pologne, qui devait se régénérer, devient province russe : l'existence politique de la Suède, du Danemarck et de tous les petits princes de la ci-devant confédération du Rhin, était grandement compromise sans la nouvelle révolution qui sauve la France de l'état d'humiliation dans lequel elle était placée.

C'était sans doute pour le bien de l'Europe et de l'humanité qu'on suscitait des troubles en Suisse, ce, pour avoir occasion d'asservir ce peuple brave et libéral.

L'Italie, Gênes et Venise, ne devaient pas être rétablies dans leur indépendance. On s'était servi adroitement du roi de Naples pour faire une heureuse diversion, sans laquelle la coalition n'eût pas réussi ; et le méconnaître en récompense de ses services , voilà la loyauté et la protection qu'on a droit d'attendre des princes coalisés.

Est-il dans l'intérêt de l'Europe civilisée de voir l'Asie s'élever au milieu d'elle et prendre l'aspect du géant ?... Non , sans doute. La France seule peut arrêter ce torrent et garantir les droits du continent !

Napoléon n'est sorti des rochers de l'île d'Elbe que pour devenir plus grand ; il a d'autres principes qu'il n'avait ; enfant du génie et de la liberté, il servira la cause des peuples opprimés, et les peuples lui garantiront son trône.

L'Europe est comme le lion endormi : princes, qui croyez qu'elle n'est heureuse qu'autant qu'elle est asservie, craignez son réveil !....

Les Polonais souffriront-ils patiemment le joug de la Russie ? Sera-t-il encore facile de faire sortir de leurs forêts les *Vogouls*, les *Baskirs*, les *Kalmoucks*, les *Tuingouses*, et les *Tschouwaskes* ?

Les frontières de la Perse et de la Turquie n'offrent-elles aucune sollicitude au gouvernement russe ?

Les Saxons auront-ils oublié et abandonneront-ils un roi malheureux qui leur servit de père ? Souffriront-ils la domination prussienne ?

La Suède peut-elle rester indifférente à sa propre cause ?

Le Danemarck est-il à l'abri de nouvelles insultes ? Peut-il rester neutre, et attendre dans le calme son anéantissement ? Non !

La Belgique et les superbes départemens de la rive gauche du Rhin, consentiront-ils à vivre plus long-temps dans l'humiliation et sous un despotisme affreux ? Et les Piémontais, compte-t-on pour rien l'attachement de ces braves à la France ?...

L'Italie, la superbe Italie, réclame son indépendance ; ses mouvemens sont appuyés par un guerrier qui ne doit rien qu'à sa véritable valeur ! Venise et Gênes ne sont point indifférentes au sentiment de liberté qui anime les nations en général ; elles ne dorment que d'un œil ! Aux armes ! et l'Europe est sauvée !

Depuis vingt-deux ans, l'Angleterre fait seule les frais de toutes les guerres qui ont ensanglanté l'Europe et l'Amérique : sa dette est énorme ; son empire est monstrueux et sa chute est inévitable ! Ses ressources locales sont faibles, mais ses principes sont honorables.

La situation politique de l'Espagne ne lui permet guère de s'occuper des affaires des autres, et son existence ne dépend que de l'harmonie qui doit exister entr'elle et la France.

Le passé sera la règle de la conduite du prince que la France s'est de nouveau choisi. L'expérience, comme il l'a fort bien dit lui-même, ne rétrograde jamais ; ses ressources sont grandes ; la nation, le prince et l'armée, ne forment qu'une famille ; les droits de l'un et des autres sont garantis par la volonté ferme de les défendre, et par la confiance qu'inspirent de nouveaux principes.

L'armée s'est peuplée de toutes les garnisons qui étaient à l'extérieur de l'empire français ; elle s'est en outre enrichie de ces vieux chevrons qui gémissaient dans les prisons étrangères : avec de tels moyens on conçoit qu'une guerre contre la France ne peut qu'être à son avantage!

La paix est nécessaire! L'Europe la désire et la réclame : qui donc s'oppose à son maintien? Sans doute ce ne sont que ceux qui croient que le destin des peuples est d'être toujours malheureux : insensés! sans doute les peuples seront toujours malheureux, tant qu'ils méconnaîtront que la force est leur droit!....

Un article inséré dans le journal de l'Empire du 20 avril dernier porte en substance que : « L'empereur Alexandre aurait dé-
» claré qu'il n'en voulait point aux Fran-
» çais; qu'il méprisait les Bourbons, que
» c'était une race dégénérée, mais qu'il ne
» consentirait pas à ce que l'empereur Na-
» poléon régnât sur la France; son honneur
» y était engagé ».

On peut révoquer en doute une pareille assertion; car S. M. de toutes les Russies ne voudrait pas blesser ainsi l'opinion générale, en insultant au malheur de ces infortunés princes.

On conçoit que l'empereur Alexandre

peut avoir une grande opinion de lui-même;
mais il devrait, ce me semble, en avoir une
meilleure de la nation française !

Les trônes de l'univers appartiennent
donc à un seul? Ce système serait universel
si les peuples et leur politique n'étaient en
opposition.

A l'exemple des événemens de Moscou,
S. M. de toutes les Russies n'a donc rien à
craindre des vicissitudes humaines?

A l'exemple de la défection des princes
de la confédération du Rhin, S. M. de toutes
les Russies n'a donc rien à craindre de sem-
blable?

Il n'y a donc rien à craindre du ressenti-
ment d'un peuple brave qu'on outrage, et
chez qui l'honneur n'est point étranger?

La France ne peut être soumise ni à l'é-
tranger ni au despotisme; elle peut éprou-
ver des revers, mais elle n'en sortira que
plus terrible et plus glorieuse; elle sera
libre, indépendante et florissante, malgré
l'univers entier; sa situation territoriale et
politique en est la garantie !

Beaucoup de gens parlent de la nouvelle

constitution, et trouvent quelques imper-
fections ; ils doivent éclairer le gouvernement de leurs lumières , la liberté de la
presse en fournit l'occasion ; tous les bons
citoyens doivent concourir au perfectionne-
ment de ce pacte qui doit être le palladium
de nos libertés !

L'hérédité des pairs est la preuve la plus
certaine que S. M. veut détacher ce corps
respectable de toute influence , de tout es-
prit d'intrigue et de parti ; et veut le rendre
indépendant, puisque les pairs sont irrévo-
cables eux et leurs descendans mâles. La nation est donc autorisée à attendre d'eux ce
noble dévouement qui anima long-temps
l'ancien sénat romain.

Le choix de la seconde chambre doit être
l'effet d'un raisonnement purement national , et ce prestige d'intrigue qui naguère
agitait nos assemblées populaires doit dis-
paraître à jamais, et les citoyens doivent
concourir de tout leur pouvoir pour empê-
cher que les représentans de la nation ne
soient pas confondus avec les ennemis de la
liberté ; c'est alors seulement que la nation

sera véritablement représentée, et le champ de mai sera le champ de toutes les idées libérales et le renouvellement de ces jours heureux de 1789 et 1792.

Paris, le 24 avril 1815.